Basquetbol

en acción

John Crossingham y Sarah Dann

Crabtree Publishing Company

www.crabtreebooks.com

Serie creada por Bobbie Kalman

Dedicado a Jarret Kramer y Erik Liddell, mis compañeros de equipo

Editora en jefe
Bobbie Kalman

Equipo de redacción
John Crossingham, Sarah Dann, Niki Walker

Editora ejecutiva
Lynda Hale

Editoras
Kate Calder, Jane Lewis

Diseño por computadora
Lynda Hale, Coordinación de producción, John Crossingham
Robert MacGregor (diseño de la portada)

Consultora
Kim Mulkey-Robertson, entrenadora en jefe adjunta de basquetbol femenino de Louisiana Tech University

Consultor lingüístico
Dr. Carlos García, M.D., Maestro bilingüe de Ciencias, Estudios Sociales y Matemáticas

Agradecimiento especial a
David T. Gagné; Andrew Corolis, Sandy Peters, Mary Bufalino, Amira Davies, Ian Davies, Sarah Hopkins, Jimmy Kim, Andrew Ratkovsky, Anne Kubu, Paul Lewis y Ridley College; Independent Lake Camp; Blake Malcolm
Se ha realizado todo esfuerzo razonable a fin de obtener la autorización, de ser necesaria, para publicar las imágenes de los atletas que aparecen en este libro. Los editores agradecerán todo comentario sobre errores involuntarios u omisiones, de modo que puedan ser corregidos en las siguientes impresiones.

Fotografías y reproducciones
Marc Crabtree: páginas 8, 14, 15 (ambas), 18, 18-19, 25 (ambas), 27, 29 (pie de página); Bobbie Kalman: página 29 (parte superior); Archivos de Ridley College/Rod Scapillati: páginas 9, 28; Michael Zito/SportsChrome: página 10; otras imágenes de Digital Stock y Eyewire, Inc.

Ilustraciones
Trevor Morgan: páginas 7, 11; Bonna Rouse: páginas 6, 12-13, 15, 17, 19, 21, 22, 23, 27

Coordinación de producción
Hannelore Sotzek

Traducción
Servicios de traducción al español y de composición de textos suministrados por translations.com

Crabtree Publishing Company

www.crabtreebooks.com   1-800-387-7650

Library of Congress Cataloging-in-Publication Data
Crossingham, John, 1974-
[Basketball in action. Spanish]
Basquetbol en acción / written by John Crossingham & Sarah Dann.
p. cm. -- (Deportes en acción)
Summary: Introduces the techniques, equipment, rules, and safety requirements of basketball.
Includes index.
ISBN-13: 978-0-7787-8572-9 (rlb)
ISBN-10: 0-7787-8572-6 (rlb)
ISBN-13: 978-0-7787-8618-4 (pb)
ISBN-10: 0-7787-8618-8 (pb)
1. Basketball--Juvenile literature. 2. Basketball--Training--Juvenile literature. [1. Basketball.] I. Dann, Sarah, 1970- II. Title. III. Series.
GV885.1.C7618 2005
796.323--dc22
2005014789
LC

Publicado en los Estados Unidos
PMB 16A
350 Fifth Ave.
Suite 3308
New York, NY
10118

Publicado en Canadá
616 Welland Ave.,
St. Catharines,
Ontario, Canadá
L2M 5V6

Publicado en el Reino Unido
73 Lime Walk
Headington
Oxford
OX3 7AD
Reino Unido

Publicado en Australia
386 Mt. Alexander Rd.,
Ascot Vale (Melbourne)
VIC 3032

Contenido

¿Qué es el basquetbol?

El basquetbol es un juego de ritmo rápido que es emocionante para ver y jugar. Los jugadores de dos equipos mueven el balón mediante **pases** (lanzándoselo entre ellos) o **driblando** (botando el balón mientras se desplazan en la cancha). El objetivo del juego es anotar puntos, introduciendo el balón en el cesto del rival. El equipo que anota más puntos gana el partido.

La mayoría de los partidos de basquetbol se dividen en cuatro períodos llamados **cuartos**, de ocho a doce minutos de duración. Algunos sólo tienen dos períodos de 20 minutos, llamados **mitades**. Si hay empate al final del partido, los equipos juegan un periodo adicional de cuatro o cinco minutos, llamado **tiempo suplementario** o tiempo extra.

La historia de este deporte

El basquetbol fue inventado en el invierno de 1891, en la ciudad de Springfield, Massachusetts. El canadiense James Naismith, instructor de la escuela de entrenamiento de la YMCA, inventó para sus alumnos un juego que pudiera jugarse bajo techo, pues hacía demasiado frío para los deportes al aire libre. Colgó dos cestos de duraznos en extremos opuestos del gimnasio y dos equipos de alumnos intentaron meter un balón de fútbol en los cestos. Para la década de 1920, se había escrito un reglamento similar al que se usa hoy en día.

*Cuando un jugador mete el balón por el aro, se dice que **encesta**. Casi todos los encestes valen dos puntos. Si se encesta desde detrás de la **línea de tres puntos**, se anotan tres puntos (ver página 7). Si se encesta un **tiro libre**, se anota un punto (ver página 29).*

Orden en la cancha

El basquetbol se juega en una superficie rectangular llamada cancha. Sus límites se marcan con líneas. Las canchas bajo techo tienen superficie de madera dura y lisa. Las canchas al aire libre tienen superficie de pavimento. Dos cestos cuelgan a diez pies (3 m) del suelo, uno en cada extremo de la cancha. Cada jugador de un equipo de basquetbol juega en una **posición**, es decir tiene una función específica en una determinada área de la cancha. Los jugadores trabajan juntos para que su equipo gane.

¿Ofensiva o defensiva?

El equipo que tiene el balón y trata de anotar es el equipo **ofensivo**. El otro equipo es el equipo **defensivo**. Cuando defienden, los jugadores intentan recuperar la posesión del balón. Si lo logran, comienzan a atacar. Los equipos alternan entre el juego ofensivo y defensivo muchas veces en un partido.

*Cada partido de basquetbol comienza con un **salto** en el círculo central. Un jugador de cada equipo se para a cada lado de la línea central. El **árbitro**, u oficial, lanza el balón al aire y los jugadores saltan y tratan de pegarle al balón hacia un compañero. Los demás jugadores deben permanecer fuera del círculo central hasta que se toque el balón.*

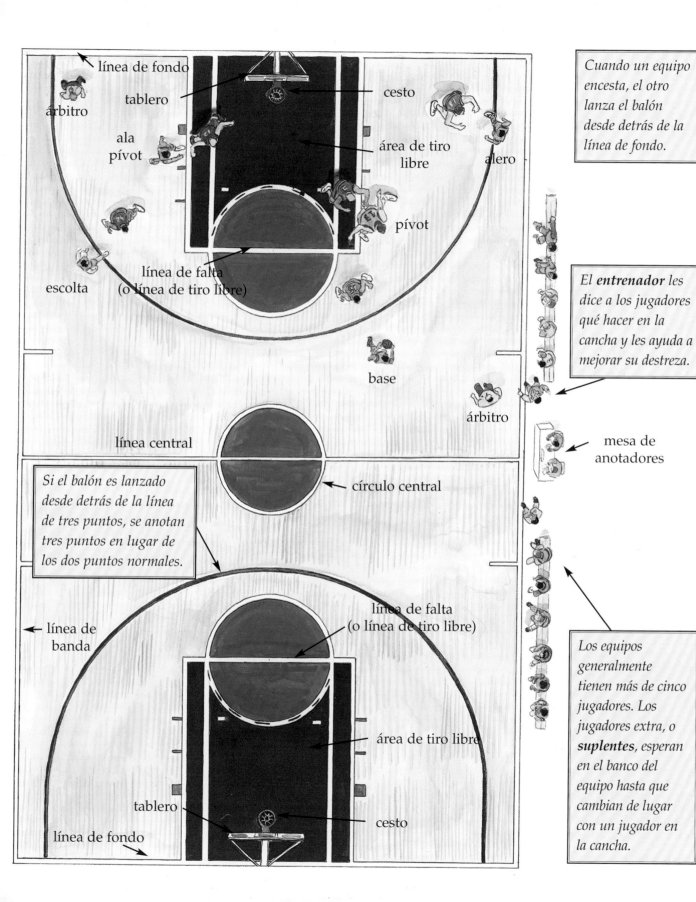

línea de fondo

tablero

cesto

árbitro

área de tiro libre

ala pívot

alero

pívot

escolta

línea de falta (o línea de tiro libre)

base

árbitro

línea central

círculo central

Cuando un equipo encesta, el otro lanza el balón desde detrás de la línea de fondo.

*El **entrenador** les dice a los jugadores qué hacer en la cancha y les ayuda a mejorar su destreza.*

mesa de anotadores

Si el balón es lanzado desde detrás de la línea de tres puntos, se anotan tres puntos en lugar de los dos puntos normales.

línea de falta (o línea de tiro libre)

línea de banda

área de tiro libre

tablero

cesto

línea de fondo

*Los equipos generalmente tienen más de cinco jugadores. Los jugadores extra, o **suplentes**, esperan en el banco del equipo hasta que cambian de lugar con un jugador en la cancha.*

A tu posición

Hay cinco posiciones en un equipo de basquetbol. Las posiciones son **base** (también llamado armador), **escolta**, **alero**, **ala pívot** y **pívot** (también conocido como centro). Los jugadores de cada posición tienen distintas funciones en la cancha. Cuando los jugadores trabajan juntos, pueden pasar el balón, hacer tiros e impedir que el rival obtenga el balón.

Base y escolta

El base y el escolta son los jugadores del equipo que mejor manejan. El base lidera el equipo en la cancha. Dribla el balón mientras avanza en la cancha y lo pasa a sus compañeros para que realicen buenos tiros. El escolta es muy hábil para hacer tiros desde toda la cancha.

*Este base tiene el balón y busca un compañero **desmarcado**, o abierto, a quien pueda pasárselo. Un jugador está desmarcado cuando no hay rivales a su alrededor. Un pase que le permite a un compañero anotar se llama **asistencia**.*

Alero y ala pívot

De los dos delanteros del equipo, el alero es el jugador que generalmente hace más los tiros al cesto. Como el escolta, el alero debe ser muy bueno para hacer tiros desde cualquier lugar de la cancha. El ala pívot a menudo es el delantero más alto y fuerte. Durante el juego, el ala pívot permanece más cerca del cesto que el alero. Los alas pívot recuperan **rebotes**, o los tiros errados, en ambos extremos de la cancha.

Pívot

El pívot o centro es el jugador más alto del equipo. Su altura le ayuda a ganar los saltos y a encestar. Los pívots obtienen la mayoría de los rebotes porque pueden alcanzar una mayor altura y tomar el balón fácilmente. El pívot que se ve en la figura se acerca al cesto todo lo posible para hacer un tiro.

Los oficiales

Los árbitros se aseguran de que los jugadores cumplan las reglas. Muchos partidos tienen dos árbitros. Uno observa la acción cerca del cesto y el otro observa a los demás jugadores. Un árbitro detiene el juego sonando un silbato. Puede tomar muchas **decisiones** en un partido y los jugadores no pueden cuestionarlas.

Elementos fundamentales

Una de las mejores cosas del basquetbol es que necesitas muy pocos elementos para jugar: un cesto, un balón y un par de zapatos de basquetbol. Con estas cosas, puedes practicar todas tus destrezas de basquetbol.

> Los uniformes de basquetbol están hechos para el movimiento. Las **camisetas** por lo general no tienen mangas, para que los brazos de los jugadores queden libres para hacer pases y tiros. También ayudan a que los jugadores estén más frescos.

> Los jugadores usan pantalones grandes y holgados. Son cómodos y no obstaculizan los movimientos.

> Los zapatos son livianos y de suela de goma para un mejor agarre al suelo. Cubren y sostienen los tobillos para evitar lesiones.

El cesto está sujeto al **tablero**. Los tableros son de madera, fibra de vidrio o grafito. Los jugadores suelen **rebotar** el balón en el tablero para que entre en el cesto.

El cesto tiene dos partes: el aro y la red. El aro es un anillo metálico con un **diámetro**, o ancho, que casi duplica el del balón. Una red blanca de cuerda de nylon cuelga del aro.

La parte externa del balón es de cuero o caucho duro. En el interior hay una vejiga de caucho inflada con aire. Esta bolsa liviana llena de aire permite que el balón rebote.

Qué calzado comprar

Cuando juegas con tus amigos, no necesitas un uniforme especial, pero sí buenos zapatos. Deben calzar bien y sostener bien los tobillos. Las frenadas bruscas y giros cerrados del basquetbol son un gran esfuerzo para los tobillos. Los zapatos sin el calce y el soporte adecuados pueden causar lesiones en piernas y tobillos.

Precalentamiento

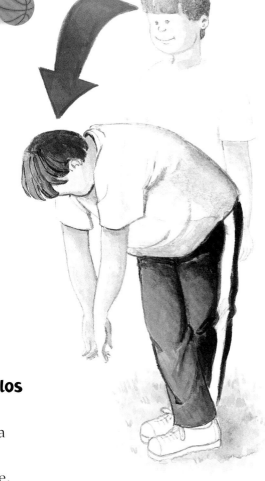

Los jugadores de basquetbol pueden lesionarse fácilmente los pies, tobillos y piernas. Es importante hacer un precalentamiento de todo el cuerpo antes de practicar o jugar basquetbol. El precalentamiento le ayuda al cuerpo a prepararse para correr, saltar y lanzar el balón, y además evita lesiones. Los estiramientos también deben repetirse después de jugar, para evitar el entumecimiento de los músculos. Al estirarte, haz movimientos lentos y nunca saltes ni te estires más de lo que te resulte cómodo.

Estiramiento de tobillos

Siéntate en el suelo y dobla una pierna para poder tomarte el pie. Suavemente gira el pie, primero hacia un lado y luego hacia el otro. Haz diez círculos hacia cada lado y cambia de pierna.

Piernas cruzadas

Párate con las piernas cruzadas a la altura de los tobillos. Con las rodillas un poco dobladas, inclínate hacia delante lentamente y trata de tocarte las puntas de los pies. Estírate todo lo que puedas y mantén la posición durante cinco segundos. Cambia el cruce de piernas para que la de atrás pase adelante. Haz cinco estiramientos con cada pierna.

Círculos con los brazos

Gira los brazos haciendo grandes círculos. Luego reduce poco a poco el tamaño de los círculos hasta que los brazos hagan círculos pequeños hacia los costados. Ahora cambia de dirección, comenzando con círculos pequeños y terminando con círculos grandes.

Estiramiento de cuello

Es fácil lesionarse el cuello, así que estíralo con cuidado. Párate con los pies levemente separados e inclina la cabeza hacia delante para que el mentón apunte hacia el pecho. Gira la cabeza de manera lenta hacia un hombro y luego hacia el otro. No gires la cabeza hacia atrás. Haz cinco estiramientos hacia cada hombro.

Zancadas

Párate con los pies bien separados. Dobla una rodilla y da una zancada al costado para estirar la parte interna de la pierna extendida. Sostén la tensión durante cinco segundos. Haz cinco zancadas para cada lado.

Drible

Imagina que estás en la cancha y tienes el balón. Estás demasiado lejos del cesto para tirar. Miras alrededor, pero ningún compañero está libre para recibir un pase. ¿Qué haces? ¡Driblas! Driblas (es decir, botas el balón) para mantener el control del balón mientras buscas una oportunidad de pasarlo a un compañero o tirar al cesto. Mantén la cabeza alta cuando dribles para que puedas ver a los demás jugadores.

Qué evitar al driblar

Ten cuidado cuando te muevas con el balón. Si avanzas sin driblar, es una falta que se conoce como **caminar**. El árbitro parará el juego y le dará el balón al rival. Cuando dejas de botar el balón, has terminado el drible y debes pasar el balón o tirar al cesto. Si driblas otra vez, el árbitro marcará una infracción de **doble drible** (o doble pique) y le dará el ·balón al otro equipo.

Para aprender a driblar

Aprende cómo el balón se mueve al driblarlo. Trata de hacer botar el balón en forma vertical y cambia el balón de la mano derecha a la izquierda. Descubre cuánta fuerza debes usar al botar el balón para controlar el drible. Cuando te sientas cómodo driblando en un mismo lugar, intenta hacerlo mientras caminas o corres. ¿Puedes driblar sin mirar el balón?

(izquierda) Extiende el brazo y los dedos cuando empujes el balón hacia abajo.

(derecha) Mantén la mano sobre el balón después de soltarlo, para que regrese a la mano al botar.

Pivote

Si has terminado el drible, puedes **pivotar** para alejarte de un rival y hacer un tiro o buscar a un compañero libre. Planta un pie en el suelo y mantenlo allí: ese es tu **pie de pivote** o pie de apoyo. Da un paso con el otro pie para girar el cuerpo. ¡Ahora estás listo para tirar o pasar el balón! Asegúrate de que el pie de pivote no se levante del suelo, para que no te sancionen por caminar.

15

Pases

Los jugadores con destreza para los pases ayudan a que su equipo obtenga más oportunidades de lanzar el balón al cesto. Deben pasarlo con rapidez y precisión para impedir que el rival robe el balón. Recuerda que el basquetbol es un deporte de equipo. Si no puedes avanzar hacia el cesto o si un compañero tiene más posibilidades de encestar que tú, ¡pásale el balón!

Trata de pasar el balón a tu compañero a la altura del pecho. Los pases de pecho son los más fáciles de atrapar.

Pase de pecho

El pase de pecho es rápido y funciona mejor cuando no hay nadie entre el pasador y el receptor. Para dar un pase de pecho, toma el balón con ambas manos y llévalo al pecho. Da un paso adelante y empuja el balón hacia tu objetivo. Tus dedos deben abrirse con movimiento rápido hacia afuera cuando el balón abandone las manos.

Pase picado

El pase picado es útil cuando hay un rival entre el pasador y el receptor. El balón pasa por debajo de las manos del rival y rebota hacia el receptor. Toma el balón con ambas manos frente al pecho. Mientras das un paso adelante, lanza el balón con fuerza contra el suelo para que rebote y vaya a las manos de tu compañero.

Ejercicios de pase

Cuando pasas el balón, debes dárselo a tus compañeros y mantenerlo fuera del alcance del rival. Haz estos ejercicios simples para aprender cómo controlar los pases y darle el balón rápidamente a tu compañero.

Pases rápidos

Practica tu destreza pasadora con un amigo. Párate a cuatro pasos largos de tu compañero. Pásense el balón tan rápido como puedan sin que el balón caiga. Apunta bien para que tu compañero no tenga que moverse para recibir el pase.

Da un paso hacia tu objetivo cuando des un pase. Así, tus pases serán más precisos.

La llave

Los mejores pases son los que tu rival no puede tocar. Juega a la llave con un grupo de cuatro o más amigos. Formen un círculo alrededor de uno de ustedes. Los jugadores del círculo deben pasarse el balón sin permitir que el del medio pueda tocarlo. Sólo usen pases de pecho y pases picados. Si el jugador del centro toca el balón, toma el lugar del que hizo el pase.

Cambia

Párate a tres pasos largos de tu compañero. Para comenzar, dale un pase de pecho a tu compañero y luego que él te de un pase picado. Repitan los tiros, pero esta vez tú le das un pase picado y él te da un pase de pecho. Continúen hasta que cada uno haya dado cinco pases seguidos sin perder el balón y sin que se caiga.

Para hacer este ejercicio más difícil, usen dos balones. Un jugador da un pase de pecho al mismo tiempo que el otro da un pase picado.

Cuando hagas tiros, pon la mano de tiro debajo del balón. No dejes que el balón descanse sobre la palma de tu mano, sino sostenlo con los dedos. Tu otra mano queda a un costado del balón para equilibrarlo.

Tiro al blanco

Cuando seas capaz de driblar y pasar el balón, podrás aprender lo más emocionante de todo: ¡hacer tiros! Aunque el aro al que apuntas es casi dos veces más ancho que el balón, encestar es más difícil de lo que parece. Debes tener excelente puntería y saber con cuánta fuerza debes lanzar el balón para encestar. La clave para hacer buenos tiros es aprender el movimiento correcto y luego repetirlo. Aprende los tiros de las páginas siguientes y pronto anotarás.

Tiro en suspensión

El **tiro en suspensión** o **tiro en salto** es el más común y útil en el basquetbol. Puedes hacer un tiro en suspensión desde casi todos los lugares de la cancha.

Un tiro en suspensión con un **arco** *(o curva) alto es difícil de bloquear. El balón debe subir alto en el aire y luego caer al aro.*

Deja que el balón ruede un poco por las puntas de los dedos para darle un efecto de giro hacia atrás.

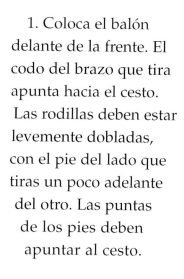

1. Coloca el balón delante de la frente. El codo del brazo que tira apunta hacia el cesto. Las rodillas deben estar levemente dobladas, con el pie del lado que tiras un poco adelante del otro. Las puntas de los pies deben apuntar al cesto.

2. Salta, extiende el brazo con el que tiras y lanza el balón hacia el cesto. Al lanzar, extiende los dedos y la muñeca de la mano que tira. Asegúrate de **acompañar el movimiento** (seguirlo) después de soltar el balón.

El tiro con rebote en el tablero

La **bandeja**, o dejada, es el tiro más fácil de encestar, ya que lo haces cuando estás cerca del aro. Los jugadores lanzan el balón contra el tablero para que rebote y entre en el cesto.

1. Dribla el balón hacia el cesto hasta que estés a dos pasos largos de distancia. Da un paso largo con la pierna derecha y transfiere el balón a la mano derecha. Mantén las rodillas dobladas y el cuerpo agachado.

2. Da un paso y salta con la pierna izquierda. Sube la rodilla derecha y extiende el brazo derecho mientras sostienes el balón en la palma de la mano.

3. Lanza el balón hacia arriba y hacia el tablero para que rebote en él y caiga dentro del cesto. Dobla las rodillas al caer.

Estas instrucciones son para personas diestras. Para que una persona zurda haga una bandeja, reemplazar las referencias anteriores con la mano y el pie opuestos.

22

Tiro de gancho

El **tiro de gancho** es una muy buena manera de lanzar el balón por encima de un defensor alto que se encuentre entre tú y el cesto. Extiende el brazo izquierdo hacia el defensor para conservar cierta distancia. Sostén el balón con la mano derecha y sube el brazo con un movimiento circular. Suelta el balón cuando el brazo esté extendido sobre la cabeza.

¡Clavada!

A todos les encanta la emoción de una **clavada**. Un jugador salta y mete el balón con fuerza por el aro. No te preocupes si no puedes llegar al aro para una clavada. Una clavada puede ser emocionante, pero es el tiro menos importante del basquetbol. Un jugador con buen tiro en suspensión puede anotar más puntos que un jugador hábil en clavadas.

Rebotes

¿Erraste un tiro? No te quedes parado y decepcionado. ¡Recupera el balón! Puedes recuperar el balón en lo que los entrenadores y jugadores llaman el **rebote**, es decir, tomar el balón luego de un tiro errado. Como en los pases y el drible, el rebote es importante para ayudar a tu equipo a conservar el control del balón.

Sigue el tiro

Cada vez que hagas un tiro en suspensión, corre hacia el aro y prepárate para atrapar el rebote. Siempre debes estar listo para un rebote, pues puede darte una segunda oportunidad de encestar si erraste la primera vez. Observa cómo el balón rebota en las distintas partes del cesto y el tablero. Si aprendes cómo se mueve el balón, te ayudará a ser el primer jugador en llegar a él.

Bloqueo

En las imágenes de esta página, la jugadora de la derecha usa una destreza importante llamada **bloqueo**. Cuando el tiro subió, ella se colocó delante de su rival, mirando al cesto, como lo muestra la imagen de arriba. Con este movimiento se pone en mejor posición para atrapar el rebote, como se muestra a la derecha. La jugadora detrás de ella queda bloqueada porque no puede llegar al balón por encima de su rival.

25

¡Defensa!

El jugador de rojo está en una buena posición defensiva. Está parado con las piernas abiertas a la anchura de los hombros y con los brazos bien extendidos. En esa posición, es más difícil que su rival avance con el balón o haga un tiro.

Se necesitan destreza y mucho esfuerzo para recuperar el control del balón cuando el otro equipo lo tiene. Cuando tus rivales intentan anotar en el cesto de tu equipo, debes concentrarte en la defensa. Tu equipo **marca** (o defiende) el cesto evitando que los adversarios anoten y apoderándose del balón.

Entre el balón y el cesto

Para la defensa, permanece entre tu rival y el cesto. Cuando marques, mantén las piernas separadas a la anchura de los hombros y ligeramente dobladas. Mantén los brazos extendidos hacia arriba y a los costados, a fin de que estés listo para bloquear un pase o tiro. Con frecuencia, tus rivales moverán la cabeza o el balón en una dirección pero irán hacia otro lado. Observa siempre la cintura de tu oponente para seguir de cerca sus movimientos.

Robo

En la defensa, puedes **interceptar**, o atrapar, un pase del rival. También puedes intentar quitarle el balón a tu oponente cuando está driblando. Ten cuidado: no puedes empujar a tu oponente cuando trates de robarle el balón.

Cuando un rival se acerca al cesto, este defensor levanta los brazos para bloquear el tiro.

Ejercicio de robo de balón

Este ejercicio te da a ti y a un amigo la oportunidad de practicar el drible defensivo y el robo de balón. Marca un cuadrado grande, de unos dos pasos gigantes por lado. Tu amigo dribla el balón dentro del cuadrado y tú intentas robárselo. Si lo logras, ganas un punto. Cuando tengas cinco puntos, cambia de lugar con tu amigo.

Faltas y tiros libres

El basquetbol no es un deporte de contacto. Los jugadores no pueden empujar, sujetar, golpear ni tropezar a su rival. La regla del contacto físico ilegal impide que los jugadores interfieran injustamente con un pase, tiro o drible. Cada vez que hay contacto físico entre jugadores, el árbitro rápidamente decide si es **ilegal**, o no permitido. Si es ilegal, marca una **falta**.

Juego sucio

Cuando un jugador comete falta contra otro, se denomina **falta personal**. Las faltas personales son una parte común de un partido y la mayoría ocurre por accidente. Generalmente, las cometen los jugadores defensivos que tratan de obtener el balón. Ten cuidado: un jugador que comete cinco faltas personales en un partido queda **descalificado** y no puede seguir jugando.

Una **falta intencional** es cuando el árbitro cree que un jugador la cometió a propósito. Pueden descalificarte por cometer una falta intencional peligrosa. Una **falta técnica** es cuando un jugador o entrenador actúa de manera irrespetuosa. Las peleas y discusiones con el árbitro u otro jugador son ejemplos de comportamiento irrespetuoso.

¿Bloqueo o carga?

Si un jugador con el balón te atropella cuando se acerca al cesto, ¿a quién se le cobra falta? Si estabas parado sin moverte delante del jugador ofensivo que te atropelló, se le cobra falta de **carga**. Sin embargo, si estabas moviendo los pies, es probable que te marquen una falta de **bloqueo**.

Tira al aro

Si te cometen una falta mientras haces un tiro y fallas, se te conceden dos o tres **tiros libres**. Si te cometen una falta y anotas, se te concede un tiro libre más los puntos del enceste. El jugador que sufrió la falta hace el tiro desde detrás de la línea de tiro libre. Cuatro jugadores defensivos y dos ofensivos se forman a ambos lados del área de tiro libre. Los demás jugadores se paran detrás del área de tiro libre y la línea de tres puntos. Ningún jugador puede moverse hasta que la pelota pegue en el aro o entre en el cesto.

El saque de banda

El saque de banda (o saque de fondo, dependiendo del lugar de la cancha donde se realice) se usa en tres casos en el basquetbol. Cuando un equipo tira el balón fuera de la cancha, el otro tiene un saque de banda desde el lugar donde el balón salió. Si te cometen falta cuando no estás tirando, también se te concede un saque de banda. Por último, después de un enceste, el otro equipo pone el balón en juego con un saque de fondo. Para hacer un saque de banda, sostén el balón sobre la cabeza y lánzalo a un compañero. No puedes pisar la línea ni la cancha mientras sacas.

Evalúa tus destrezas

Quizás no siempre haya suficientes jugadores para un partido de basquetbol. No te preocupes, igualmente puedes evaluar tus destrezas. Si tienes un balón, un cesto y algunos amigos, hay muchos juegos posibles. He aquí algunos muy simples que puedes probar.

B-U-R-R-O

B-U-R-R-O es un juego de lanzamientos que funciona mejor con cuatro jugadores.

1. Decide quién tirará primero, segundo, tercero y cuarto.

2. El primer jugador hace un tiro desde cualquier lugar de la cancha. Si encesta, los demás jugadores tratan de hacer el mismo tiro desde el mismo lugar. Cada jugador que no acierta obtiene una letra ("B" para la primera vez que falle, "U" para la segunda, etc.).

3. Si el primer jugador falla el tiro, el siguiente jugador elige un lugar y tira.

4. Cuando un jugador falla en cinco tiros y junta todas las letras de la palabra "B-U-R-R-O", queda fuera del juego. El ganador es el último jugador que queda en el juego.

La vuelta al mundo

Este juego te ayudará a perfeccionar los tiros en toda la cancha.

1. Decide el orden en que los jugadores tirarán.

2. Comenzando con el primer jugador, todos se turnan para tirar al cesto desde cada uno de los ocho puntos elegidos en la cancha.

3. Si un jugador no acierta, tiene dos opciones:
   a) sigue en el mismo lugar y espera su próximo turno;
   b) intenta un segundo tiro; si no lo acierta, debe comenzar de nuevo en el punto número 1.

4. Los jugadores siguen haciendo tiros hasta que alguno enceste los ocho tiros en orden.

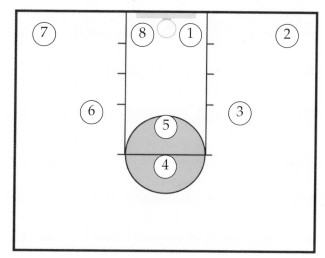

He aquí algunas posiciones de tiro que puedes probar para "La vuelta al mundo". Si algunos tiros son demasiado difíciles o lejanos, prueba con cinco puntos más cerca del cesto.

Veintiuno

Este es uno de los juegos de precalentamiento favoritos del basquetbol y te ayudará a practicar bandejas, tiros en suspensión, tiros libres y rebotes. Pueden jugar dos o más jugadores. En Veintiuno, los tiros libres valen dos puntos y los demás valen uno.

1. Decide qué jugador comenzará primero los tiros desde la línea de tiros libres, hasta que alguno enceste. El jugador que encesta hace tiros libres hasta que falle.

2. Cuando falle, los otros jugadores se turnan para atrapar los rebotes. El jugador que atrapa el rebote, hace el tiro desde el lugar donde atrapó el balón. Si el jugador encesta, continúa con tiros libres hasta que falle.

3. El juego continúa en esta forma hasta que alguien anote exactamente 21 puntos.

Terminología del basquetbol

Nota: Es posible que las palabras en negrita que están definidas en el texto no aparezcan en el glosario.

área de tres segundos Otro término usado para el área de tiro libre

asistencia Pase a un compañero que conduce a un enceste

bandeja Tiro realizado cerca del cesto, en el que se usa el tablero para que rebote el balón

bloqueo Bloquear a un rival con el cuerpo a fin de conseguir una mejor posición para atrapar los rebotes

caminar Dar dos o más pasos con el balón sin driblar

clavada Tiro en el que un jugador empuja el balón dentro del cesto

doble drible (1) Movimiento no permitido de driblar, parar y volver a driblar; (2) Movimiento no permitido de usar ambas manos para driblar el balón

driblar Botar el balón en el suelo

falta Contacto ilegal entre jugadores

línea de tres puntos Línea semicircular generalmente situada a diecinueve pies y nueve pulgadas (6 m) del cesto

pase de pecho Pase dado desde la altura del pecho

pase picado Pase que bota en el piso antes de ser recibido

pivotar Mantener un pie fijo en el suelo mientras se mueve el otro pie en distintas direcciones.

rebote (1) Tiro errado que rebota en el cesto o el tablero; (2) Ir hacia el cesto y controlar el balón después de un tiro errado

saque de banda/saque de fondo Pase desde fuera de las líneas que delimitan la cancha, usado para reanudar el juego

suplente Jugador extra que espera en el banco su turno de jugar

tablero La tabla rectangular donde está montado el cesto

tiro de gancho Lanzamiento en el que un jugador extiende el brazo por encima de su cabeza, con un movimiento de gancho

tiro en suspensión Tiro en el que el jugador salta mientras lanza el balón; también llamado tiro en salto

tiro libre Lanzamiento que vale un punto, realizado desde la línea de tiros libres y que los rivales no pueden bloquear

Índice